Édition : BoD · Books on Demand,
31 avenue Saint-Rémy, 57600 Forbach,
bod@bod.fr
Impression : Libri Plureos GmbH,
Friedensallee 273, 22763 Hamburg
(Allemagne)
Dépôt légal : Février 2025

Bon, eh bien, bonjour hein, ahah...
Étant donné que les exigences
d'impressions m'impose 24 pages, je vous
propose ici de raconter votre pire
expérience avec le caca.
Une fois le livre lu, pensez à revenir sur
cette page et posez vous la question :
"est ce que ce livre aurait pu m'éviter cet
embarras".

- –
- –
- –
- –
- –
- –

# Introduction au caca

Le caca, voilà un sujet universel qui, disons le, ne laisse personne indifférent!
Depuis la nuit des temps, ce petit rituel quotidien nous accompagne, et que l'on soit Brigitte Macron ou un simple prolétaires moderne, on y passe tous.

Si aujourd'hui, nous profitons de trônes confortables et de papier tout doux, ça n'a pas toujours été aussi simple. Pensez aux latrines communes des Romains, où l'on discutait joyeusement entre
voisins... un peu comme à la machine à café, mais version antique. Pensez aux pots de chambres qui étaient vulgairement jetés par la fenêtre par nos chers Français du Moyen-Âge
(Mention honorable aux toilettes turques, qui font de la résistance).

Côté science, on ne rigole pas avec le caca. Eh oui,
les scientifiques de merde l'étudient de près (sans mauvais jeu de mots) pour tout savoir sur notre santé.

Et saviez vous que dans la nature, ce qu'on laisse derrière nous peut devenir un festin pour d'autres ? Comme quoi, nous avons tous un peu d'écologie en nous.

Avis au propriétaire de chiens: ceci n'est pas une
excuse pour ne pas ramasser les excréments de Médor...
Bref, que vous l'appeliez popo, crottes ou encore grosse commission du matin, ce modeste résidu a marqué l'histoire de l'humanité... et nos WC!

# **<u>Chapitre 1: Observer</u>**

" *Si tu veux la paix prépare la guerre* "
*Traité de l'art militaire* , Végèce Écrivain
Romain, 400 Ans après J.C.

Ne vous y trompez pas cette acte
commence bien avant votre entrée au
toilette 🚽, analysez l'emplacement de
votre futur QG car il sera déterminant pour
la suite des opérations, et posez vous les
bonnes questions :
• Y'a t-il des gens aux alentours ?
• Sont-ils trop proches  ?
• Les toilettes sont-elles occupées ?

N'hésitez pas à aller faire un petit pipi pour
répondre à ces questions.
.
Vérifiez que l'endroit est bien équipé:
✅ papier toilette
✅ spray désodorisant
✅ aération convenable
✅ niveau d'isolation sonore pour veiller à
votre précieuse dignité     .

# **<u>Chapitre 2: Sonder le corps</u>**

"*Connais l'adversaire et surtout connais toi toi-même et tu seras invincible.*" L'art de la guerre, Sun Tzu.

Aujourd'hui une idée essorée par nos chers coachs en développement ou vendeurs de méthodes entrepreneuriales, celle-ci reste bien inspirante pour connaître nos briques marrons. Elles se déclinent en différentes textures, formes, couleurs, chacune racontant une petite histoire sur ce qui se passe dans notre ventre.

On retrouve le classique " solide étron" qui se présente parfois dans son sous-genre  le "cigare au bords des lèvres" . Il y'a aussi les furtives et décevantes "crottes de lapin", les tonitruantes "cascades liquides" , et même ces moments de doute existentiel face à cette poussée qui ne provoque qu'un bruit de pneu percé... sans pourtant rien évacuer.

Bref, maintenant que nous connaissons les différentes manières dont se démoule un cake, il est temps d'identifier les méthodes et techniques à adopter selon chaques situations .

Suivez-moi et soyez très attentif : ceci pourrait vous être utile pour le restant de votre vie.

# Chapitre 3: la préparation

Alors, mes chers amis, la conquête d'un trône ça se planifie.

Commencez par jeter 2-3 feuilles de papier toilette dans la cuvette pour amortir le "plouf" causé par le largage de votre colis.

Pour les plus hygiéniques recouvrez la lunettes des toilettes de papier.

Enfin facilitez votre transit en vous massant le ventre circulairement tout en agrandissant progressivement ce cercle imaginaire.

# **Chapitre 4: Les techniques**

Aller aux toilettes, c'est un art qui mérite bien plus d'attention qu'on ne le pense !
On pourrait croire que tout se fait naturellement, mais en réalité, adopter de bonnes techniques peut vraiment changer la donne.

Prenez par exemple la posture idéale (oui, il y en a une).
Ici, pas d'histoire d'alimentation adaptée, de fibres ou encore d'hydratation.
Je vais vous donner des techniques concrètes à appliquer en cas de galère.

Prêt à transformer votre moment WC en une expérience plus zen et efficace ?

# ButtHoleFacingTheWorld

Alors, commençons par mon mouvement signature,
que j'ai personnellement nommé "ButtHoleFacingTheWorld" ou plus simplement le "BFT".
Trêve d'explication un dessin sera plus parlant...
Attention aux moins sportifs, en cas de déséquilibre vous tomberez les fesses les premières dans l'eau du Styx .
Cette position sollicitera vos cuisses et abdos donc pour soulager cette pression, il vous suffira de pencher votre buste en avant.
Technique parfaite dans le cas où vous auriez affaire à un siège à l'hygiène douteuse, et/ou que votre temps est limité. Néanmoins je vous implore de ne jamais l'utiliser en période de diarrhée afin d'éviter une crise sanitaire jamais vue depuis la Covid !

# Posture idéale

Pour la trouver, pas besoin de grandes recherches car il s'agit tout simplement de la classique position accroupie.
Or, nos toilettes modernes ne nous permettent plus de l'adopter naturellement.
De ce fait il s'agira de rapprocher le plus possible vos genoux de votre ventre tout en restant assis.
Bien entendu ceci à l'aide votre souplesse ou d'un objet extérieur surélevant vos pieds.

# S'essuyer

Honneur à vous Mesdames, afin de protéger votre fleur de toutes infections privilégiez systématiquement un essuyage partant de l'avant vers l'arrière. Quant à vous, messieurs vous pouvez vous permettre un essuyage partant de l'arrière vers l'avant puisque ce dernier limite l'étalage de "boue", et donc vous feras gagner du temps.
Au diable l'écologie, n'hésitez pas à doubler la feuille de papier toilette pour éviter tout contact indésirable avec la gadoue.

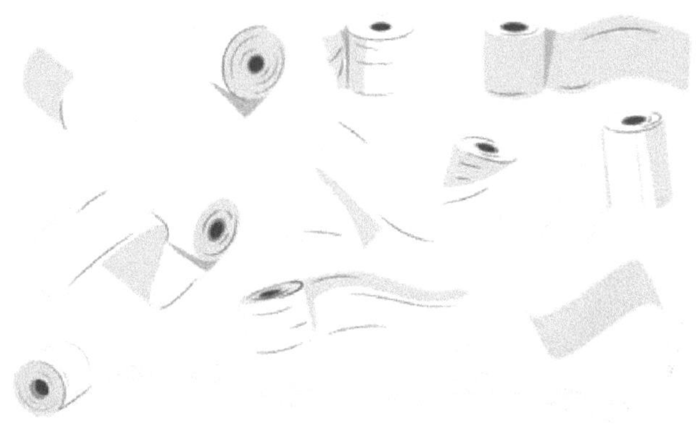

# <u>Chasse d'eau préventive</u>

Premièrement, sans même avoir à vérifier, l'universel "plouf" vous indiquera si vous avez bien viser.
Ensuite le nom étant déjà plutôt explicite, je vais vous en expliquer ses bienfaits.
En faisant disparaître directement vos "méfaits", vous éviterait que des odeurs, bien loin de la menthe fraîche se répandent dans vos WC.
Cependant, je comprends la réticence pour certains à se faire remarquer à tirer plusieurs fois nos bruyantes chasses d'eau, (bordel, Installez des chasses d'eau silencieuse partout!). Mais au final, à vous de décider ce qui est le plus embarrassant...

# Méfait accompli

Suite à l'accomplissement de cette basse besogne, vous n'avez plus qu'à agir comme des citoyens responsables, et à nettoyer derrière vous afin de maintenir une certaine paix sociale.

Passer la brosse des toilettes, vaporisez un spray si il y'en à un, et vérifier que la lunette soit intacte (poil, tâches , etc... ).

# <u>*"Tout partout en même temps"*</u>

Simple légende ou encore superstition populaire ?
Les textes anciens décrivent cette position comme l'accomplissement ultime dans le contrôle de son transit... autrement dit la capacité à chiez sur commande.

Bon, eh bien, me revoilà! étant donné que les exigences d'impressions m'impose 24 pages, je vous propose ici de vous épancher sur vos expériences personnelles suite à mes conseil:

- –
- –
- –
- –
- –
- –
- –
- –
- –

FSC
www.fsc.org
MIXTE
Papier issu
de sources
responsables
Paper from
responsible sources
FSC® C105338